AF192672

TAROT

★ MÁGICO ★

DE LOS GATOS

Texto: Equipo Tikal
Ilustraciones: Talia Rodaro
Diseño gráfico y maquetación: Rocío Cuenca
Diseño de cubierta: Rocío Cuenca
Preimpresión: Juan José Morales

© Susaeta Ediciones, S. A.
Tikal Ediciones
C/ Campezo, 13 - 28022 Madrid
Tel.: 91 3009100 - Fax: 91 3009110
www.susaeta.com

TAROT

★ MÁGICO ★

DE LOS GATOS

TIKAL

ÍNDICE

XXI

EL MUNDO

de COPAS

INTRODUCCIÓN

El tarot puede parecer una simple diversión, un juego;
sin embargo, lo cierto es que, cargado de poderes, transmite
una fuerza efectiva a través de sus figuraciones simbólicas, que
constituyen un lenguaje mudo. El tarot nos mueve a concentrar
la atención y hace que observemos, que imaginemos. Entonces
un mundo desconocido surge frente a nosotros, se despoja de
sus velos, genera una nueva visión. Estas láminas arquetipos
piden a nuestro subconsciente que despierte, e inducen
una ruptura entre nosotros y nuestro ambiente habitual.

Esta visión genera un sistema de imágenes analógicas; gracias a
su red de correspondencias nos será posible interpretar las cartas
según nuestro propio nivel de conocimientos.

De esta manera, los significados pueden variar en razón de
cada individuo, de las concepciones personales de cada uno. No
obstante, siempre llevan a resultados similares, pues la lámina,
que se fundamenta en los valores eternos, despierta un proceso
de reflexión idéntico en todos los seres.

La lámina del tarot no brinda una verdad intangible y dogmática:
nos pone, en cambio, en el camino del conocimiento interior.
Nos proporciona, digamos, la primera letra del análisis: encontrar
la segunda es tarea nuestra.

Se trata de un sistema simple al alcance de todos: la relación
entre dos cartas para cada uno de los campos comprendidos y
para cada caso, con una respuesta clara, cualesquiera que sean
las combinaciones que se produzcan.

La baraja del tarot consta de 78 cartas, denominadas láminas,
tarots o arcanos. 22 de ellas, rica y extrañamente decoradas,
son los arcanos mayores. Láminas realmente fascinantes, todas

distintas, con numeración romana del I al XXI; la última no está numerada por una extraña convención. Los nombres, tan caprichosos y poéticos, casi no sufren modificaciones y siempre aparecen en el recuadro inferior de la carta. Con frecuencia se repite incluso la antigua numeración romana, que no empleaba el sistema de resta respecto a la cifra mayor, y así es como se sigue escribiendo IIII y no IV. ¿Por qué el arcano 13 no exhibe lema alguno? Secretamente se dice que es la Muerte, pero los ilustradores han respetado la costumbre de no darle nombre.

Catálogo de los 22 arcanos mayores:

I	El Mago	**XII**	El Colgado
II	La Sacerdotisa	**XIII**	(Sin nombre; sugiere la muerte)
III	La Emperatriz		
IV	El Emperador	**XIV**	La Templanza
V	El Sumo Sacerdote	**XV**	El Diablo
VI	El Enamorado	**XVI**	La Torre Fulminada
VII	El Carro	**XVII**	La Estrella
VIII	La Justicia	**XVIII**	La Luna
IX	El Ermitaño	**XIX**	El Sol
X	La Rueda de la Fortuna	**XX**	El Juicio
		XXI	El Mundo
XI	La Fuerza	**?**	El Loco

Las 56 cartas siguientes, o arcanos menores, se dividen en 4 series de 14 cartas cada una. Cada serie corresponde a un color o «palo»: bastos, espadas, copas y oros. Cada serie se compone de 4 figuras o triunfos —el rey, la reina, el caballo y la sota— y otras 10 cartas, numeradas desde el as o 1 en adelante, con ilustraciones geométricas.

INDICACIONES PRÁCTICAS

Para echar correctamente las cartas del tarot es preciso crear una atmósfera apta para la meditación, lo cual supone que el cartomántico y el consultante estarán a solas.

El consultante tendrá durante dos o tres minutos en su mano izquierda (o entre ambas manos) todo el montón de cartas, para que le transmita su fluido. Los dos participantes deben concentrarse, sentirse libres, no pensar en otra cosa que en la expresión de las cartas, vaciarse de cualquier contenido distinto. Hay que identificarse con el tarot y tener bien presente que este no es un «juego de sociedad» ni un entretenimiento divertido.

El consultante debe plantear su pregunta con claridad, en voz alta o por escrito. Si se pretende una respuesta concreta, el intérprete necesita saber con toda exactitud qué desea el interrogador; en esto no puede haber ambigüedad.

Antes de volver a utilizar las cartas, el intérprete debe devolverlas a su lugar y descargarlas de todas las corrientes e influencias que todavía queden en ellas después de la interpretación.

Igual que si se tratara de una baraja de cartas corrientes, se mezclan las láminas, se corta el mazo con la mano izquierda —operación que puede estar a cargo tanto del tirador como del consultante— y se vuelve a coger todo el paquete con esa misma mano, con la cara de las cartas boca abajo.

Los 22 arcanos mayores indican las leyes generales, las grandes líneas de conjunto; los 56 arcanos menores —copas, bastos, espadas y oros— representan los hechos de la existencia.

Se puede pedir al consultante que escoja las cartas directamente del montón. En el caso de que la adivinación se haga sobre la base de los arcanos mayores, se puede pedir al consultante que diga un número entre 1 y 22, incluido este último. Se cuenta entonces la cantidad de cartas correspondiente al número dado y se da la vuelta a la última; por ejemplo, si se hubiese elegido el 8, se giraría la octava carta.

Las cartas estarán siempre colocadas ante el cartomántico, el cual no debe modificar su posición al darles la vuelta. Convenientemente orientadas —esto es, de cara al cartomántico—, se dice que son positivas. Si quedan de cara al consultante, se dice que están «invertidas»: en estos casos tendrán una significación debilitada, e incluso negativa, en lo tocante al simbolismo y la interpretación. En el caso de que todo el montón se hallase invertido, el cartomántico puede considerarlo un error y tomar la decisión de darle él mismo la vuelta.

Cada carta a la que se dé la vuelta se interpreta de inmediato por lo que es, pero únicamente adquiere su significado auténtico cuando se relaciona con las que la rodean. Es preciso juzgar las cartas en conjunto, unas en relación con las otras, considerando sus semejanzas, comparándolas, ya que las respectivas influencias se encabalgan: de esta manera se llega a una interpretación sugestiva. La sensibilidad del intérprete, apoyada en un hecho material visible, permite responder a la pregunta del interesado.

Los métodos son múltiples y cada intérprete actúa según su propia reflexión.

CLASIFICACIÓN DE PREGUNTAS

Todas las preguntas pueden clasificarse en cuatro grupos genéricos:

1. Trabajo, negocios.
2. Amor, matrimonio, placer.
3. Estado de ánimo, pérdidas, desgracias, peleas, escándalo.
4. Dinero, bienes, materiales.

Cada encuentro de dos cartas implica una interpretación.
Las posibilidades de relación son múltiples y, como consecuencia, no resulta sencillo determinar el valor de cada una de estas asociaciones.

El tarot invita a la acción, a la asunción de responsabilidades. Le aportará un mensaje, un consejo, una advertencia: procure comprenderlo y, sobre todo, tomarlo en cuenta. No se pueden pedir milagros, pero el conocimiento anticipado de los hechos permite alterar el curso del porvenir. Por lo demás, ¿de qué serviría conocer el futuro si nada se pudiese hacer para modificar su desarrollo?

Es preciso abandonar los razonamientos rigurosos, demasiado cartesianos; hay que dejarse llevar por la imaginación, siempre que ésta se apoye en un profundo conocimiento de los múltiples valores de las cartas. Sus facultades intuitivas deben hallarse en actitud de responder a los interrogantes planteados.

SIGNIFICADO DE LOS ARCANOS

Una carta no posee, por sí misma, más que un valor relativo;
su sentido se modifica en función de las cartas que la rodean.
No obstante, podemos proporcionar este resumen con los criterios
más frecuentemente admitidos.

LA MUERTE

EL SUMO SACERDOTE

EL MAGO

Es el joven iniciado, el ilusionista que domina la totalidad de los arcanos. Es la causa primordial que suscita, aquel que puede ayudarnos al tiempo que parece divertirse. Es el principio, la inteligencia, la habilidad. Esta carta representa al «consultante». Esta lámina recibió también el nombre de «el Pagad». Se corresponde con la letra Aleph.

Distinguimos en ella voluntad, confianza en las propias capacidades. El consultante está dispuesto a afrontar los obstáculos que puedan presentársele para lograr un propósito. Cuenta para ello con su destreza, su habilidad, su elocuencia; es diplomático.

Carta invertida:

El mago no es más que un charlatán, un farsante, un impostor. Es el sujeto fanfarrón, falto de voluntad. Un ilusionista.

LA SACERDOTISA

Guardiana de la puerta del templo, exhibe su libro, que nos invita a abrir. Es quien vela por los misterios que guarda la esfinge. Madre celestial, mujer intuitiva de pensamiento creador, representa el conocimiento oculto. Esta carta fue también llamada «Juno», «la Puerta del Santuario Oculto», «la Puerta del Templo» e «Isis-Urania». Se corresponde con la letra Beth.

Con frecuencia representa a la «consultante». Esta sabia mujer puede enseñar, pero de manera estricta, ya que es poco afectuosa. Es reservada, prudente, voluntariosa y también perceptiva.

Carta invertida:

Esta mujer pasa a ser inmoral, egoísta, pasiva. Si esta carta se dirige a un hombre, indica que este padece una nefasta influencia femenina.

III

LA EMPERATRIZ

Potencia intelectual, representa las sólidas facultades mentales.
Venus es la madre terrenal, inteligente, fecunda, llena de encanto.
Su saber es inductivo. Esta carta recibió también los nombres
de «Madre Celestial» e «Isis-Urania». Se corresponde con
la letra Gimel.

Significa sabiduría, acción, discernimiento, idealismo. Madre,
hermana, esposa, matrimonio. Símbolo de crecimiento y
fecundidad. Clara idea
de influencia; inteligente,
comprensiva y llena de encanto.

Carta invertida:

Mujer que se deja ganar por
los halagos, coqueta, vana
y presumida, frívola. Estéril
o infiel, según qué cartas
la acompañen. Ansiedad,
vacilación, pérdida de
bienes materiales, conflictos
domésticos, alienación psíquica.

EL EMPERADOR

Este generador activo domina el mundo material; dueño de una base sólida, es bueno y enérgico. Es el azufre alquímico. Esta carta recibió también los nombres de «la Piedra Cúbica» y «el Dominador». Se corresponde con la letra Daleth.

Significa poder mundano, riqueza, estabilidad, energía perseverante, voluntad. Poderoso protector: padre, esposo, hermano; influencia masculina. Fuerza, inteligencia,

equilibrio. Armonía, paz, acuerdo, conciliación de los sentimientos, firma de importantes contratos. Triunfador. Salud equilibrada con tendencia pletórica. Es la realización.

Carta invertida:

Ruptura del equilibrio, dominación, inmadurez. Falta de fuerza, pérdida de un empleo importante, carente de ambición, autodestrucción, terquedad, obstinado enemigo.

EL SUMO SACERDOTE

Este sagaz místico penetra en la esfera de lo divino. Hombre sabio y discreto, es todo rigor y rectitud; es la fe. «Maestro», «Señor de los Arcanos», «Sacerdote Supremo» y «Hierofante» son algunos de los nombres asignados a esta carta, que se corresponde con la letra Heh.

En ella encontramos un elevado sentido del deber, conciencia moral, buen consejo, observación de las convicciones, enseñanza y razonable orientación. Poderosos sentimientos, afectos, vocación religiosa o científica. Representa al director espiritual.

Carta invertida:

Jefe convincente, moralista, de mente estrecha, profesor autoritario, simulador; ansiedad, tensión. Renuncia, impotencia, vulnerabilidad, proyecto demorado, vocación tardía.

VI

EL ENAMORADO

Construir sobre una base afectiva para elegir entre dos perspectivas o para establecer la unidad de los contrarios. Los temas: indecisión, amor y duda. Hallarse entre dos tendencias sin acertar a vivir en paz. Es el libre albedrío. Esta carta fue también llamada «los Amantes», «los Dos Rumbos» o «los Dos Caminos», y «la Libertad». Se corresponde con la letra Vau.

Amor, belleza, atracción y deseo amoroso compartido son valores

que se atribuyen a esta carta. Momento de hacer una opción cuyo resultado tendrá una importancia decisiva. Carta de unión y matrimonio. Lucha entre el amor sagrado y el amor profano. Examen. Deseo ardiente, atracción física. Compromiso.

Carta invertida:

Debilidad moral, incapacidad para superar las pruebas que se presenten. Tentación, infidelidad. Ruptura, divorcio, proyectos imprudentes, libertinaje.

VII

EL CARRO

Partida hacia la conquista del mundo. La providencia. Triunfo, armonía; traslado favorable con el dominio, la victoria. Otros nombres dados a esta carta son «la Carroza», «el Carro de Osiris» y «la Victoria». Se corresponde con la letra Zain.

Significa adversidad, guerra y desorden. Intensa actividad, buena salud. Éxito, progresos merecidos, viajes por tierra. Discusiones políticas.

Carta invertida:

Sujeto desgraciado, desconcierto, fracaso. Conspiración militar, cansancio invencible, crueldad, incapacidad.

LA JUSTICIA

Equilibrio de fuerzas, tanto de las materiales como de las espirituales. Esta carta fue también conocida como «la Balanza», «la Espada» y «Themis». Se corresponde con la letra Cheth.

Valores imputados a esta carta: justicia, equidad, virtud, nobleza y justo equilibrio. Rectificación de un error. Persona íntegra, considerada, capaz de ayudar y comprender; indicio de estabilidad y de tendencias conservadoras. Ley y disciplina. Esperanza o temor.

Carta invertida:

Acusaciones falsas, juicios severos. Abusos, mentiras, críticas. Imputar la falta a un inocente. Injusticia. Subordinación a las modas, a la rutina. Proceso, trampas.

IX

EL ERMITAÑO

El solitario domina y, gracias a su lámpara velada, no comunica sino lo que desea y en el momento preciso. Aislamiento, austeridad, prudencia, discernimiento. Esta carta ha recibido otros nombres: «la Lámpara Velada», «el Tiempo», «el Anciano»; en algún juego francés se la llamó l'Hermite, con una «H» evidentemente superflua. Se corresponde con la letra Teth.

A esta carta se atribuyen consejos y conocimiento. Ver, oír y callar. No hacer política. Vigilancia, dedicación. Soledad, regresión. Significa el bien y el horror al mal. Nuestro yo interior. Nos invita a la prudencia y a la sabiduría.

Carta invertida:

Imprudencia, juicios erróneos, precipitación. Falta de madurez. Timidez, misoginia, mutismo, ánimo taciturno. Soltería. Avaricia y pobreza. Miedo a las innovaciones. Escepticismo.

X

LA RUEDA DE LA FORTUNA

Progresión inexorable de nuestro destino. Inseguridad ante la esfinge; energía. Esta carta se ha llamado también «la Esfinge» y «la Rueda de Ezequiel». Se corresponde con la letra Yod.

Tiene los siguientes significados: destino, fortuna, dicha, sagacidad, animación, ímpetu, buen humor. Lógica, providencia, apogeo. Ganancias en el juego, en la lotería. Trabajos bien retribuidos. Progresos. Se cosecha lo que se siembra. Suerte, oportunidad. Buena salud.

Carta invertida:

Fracaso, situación inestable, revés y pérdida en el juego. Interrupción de los estudios, especulación, aventuras y riesgos.

XI

LA FUERZA

Pleno dominio que se ejerce con dulzura y amor. Fuerza creadora, autocontrol, voluntad para doblegar el instinto.
Otras denominaciones de esta carta son «el León Amordazado», «el León Domado» y «la Fortaleza».
Se corresponde con la letra Caph.

Esta carta significa coraje, convicción y fortaleza de ánimo. Resolución, éxito, virilidad. Espíritu que se impone a la materia.

Carta invertida:

Cólera, crueldad, debilidad, mezquindad. Falta de fe. Claudicación ante acciones indignas. Discordia, desconcierto. El hombre no es dueño de su fuerza. Instinto guerrero.

XII

EL COLGADO

Se integran en cualquier posición porque es preciso sufrir una prueba. Es el sacrificio, el sacerdocio, la abnegación, la expiación. Tuvo además los nombres de «el Sacrificio», «la Picota» y «la Víctima». Se corresponde con la letra Lamed.

Atributos de esta carta son la renuncia y la transición. Apatía y pesadez. Fuerte influencia externa. Falta de claridad e indecisión, especialmente en el terreno afectivo. Agilidad mental. Desinterés. Ideas orientadas al futuro. Trastornos circulatorios. Simiente.

Carta invertida:

Sacrificio nulo. Promesas incumplidas, amor no compartido, impotencia para la realización. Sujeto pasivo, que ha dejado de ser libre. Falta de voluntad. Materialismo.

XIII

LA MUERTE

Tras la destrucción se renace y es posible alcanzarlo todo. Transformación y renacimiento. Esta carta sin rótulo es conocida como «la Muerte», «el Esqueleto Segador» y «la Guadaña», pero también como «la Inmortalidad». Se corresponde con la letra Mem.

Pérdida, fracaso y cambio inesperado son atributos de esta carta. Ruptura de una situación familiar o de una amistad. Muerte. Pérdida del empleo. Discernimiento severo, sapiencia desengañada. Resignación, estoicismo.

Carta invertida:

Estancamiento, cambio parcial. El consultante tiene malas intenciones. Fracaso. Se podrá evitar la muerte, pero el costo será una lesión incurable. Eliminación, muerte.

25

XIV

LA TEMPLANZA

Revelación de la dualidad bajo la influencia de Acuario.
Ingenio humano, metamorfosis. Energía y reconstitución.
«Las Dos Urnas» y «el Genio Solar» son otros nombres de esta
carta, que se corresponde con la letra Nun.

Armonía y fusión constituyen sus atributos. Imagen paterna y
materna. Paciencia, moderación, influencia. Espíritu de conciliación
y flexibilidad plástica. Presagios favorables.

Carta invertida:

Discordia, hostilidad. Tendencia
a sufrir enfermedades
nerviosas y anemias. Breve
período de fracasos. Oposición,
esterilidad, frustración.
Cambio imprevisible. Dualidad
exacerbada.

EL DIABLO

Superación de las nociones del bien y del mal por inclinación a las ciencias ocultas y los valores alquímicos. Esta carta fue también llamada «Tifón» y «Aker». Se corresponde con la letra Samech.

Esta carta significa esclavitud, ruina, fracaso, violencia, brujería y fatalidad, pero es posible sublimar estos valores o pasiones fatales.

Carta invertida:

Puede significar instinto inferior y sexual, perversión y desequilibrio, pero también liberación de las trabas y final de la esclavitud.

XVI

LA TORRE FULMINADA

Cuando el saber humano pretende ponerse a la altura del conocimiento divino se arriesga a recibir el castigo de las alturas, que se traduce entonces en caída, en catástrofe.

Esta carta se llamó también «el Asilo» o «el Hospital», «la Torre» y «el Rayo». Se corresponde con la letra Ayin.

Los atributos de esta carta son el accidente, las calamidades y la miseria. Acontecimientos inesperados que provocan un cambio

completo. Precipitación. Pérdida de dinero, de amor y de afecto. Explosión. Derrumbe. Alumbramiento, crisis saludable. Proyecto bruscamente interrumpido. Sufrimientos causados por las fuerzas del destino.

Carta invertida:

Prisión, opresión. Vida rutinaria. Gran cataclismo. Autodestrucción. Enfermedad. Falta castigada. Maternidad clandestina. Exceso, abuso. Presunción y orgullo. Sin embargo, esta carta, invertida, puede resultar benéfica a título de advertencia.

XVII

LA ESTRELLA

El conocimiento irradia en el marco de una eterna renovación. Comprensión del ciclo, de la estrella de los Magos. Esta carta tuvo o tiene otros nombres: «la Estrella de los Magos», «el Astro» y «la Estrella Rutilante». Se corresponde con la letra Peh.

Fe, esperanza, visión y satisfacción constituyen los atributos de esta carta. Amor humano. Participación de pasado y presente en el futuro. Influencia astrológica. Optimismo, presagio favorable. Candor, bondad, belleza y sensibilidad. Culminación de una empresa difícil.

Carta invertida:

Desvergüenza, impudicia. Dudas sobre uno mismo, falta de confianza. Decepción. Obstinación. Falta de oportunidad. Mala suerte, influencia astral de la noche, del agua.

LA LUNA

Estallido de las fuerzas nocivas de la noche. Vida inconsciente. Confusión, peligro. El crepúsculo; la involución. Pasividad e ilusión. «El Crepúsculo» fue, precisamente, otro nombre de esta carta, que se corresponde con la letra Tzaddi.

Sus atributos son: decepción, oscuridad, error y conspiración. Falsas amistades, engaño, astucia y calumnia. Fatalidad ineluctable. Controversias, dispersión de los afectos. Peligro. Influencias nocivas. Insinceridad.

Carta invertida:

Enfermedad crónica. Falta de energía. Errores insignificantes. Resolución malintencionada. Mentiras, suposición errónea. Espera fatal.

XIX

EL SOL

Iluminación en la vida universal, dentro de la luz. Alegría y verdad de la pareja: fecundidad, gloria. Fuego. Esta carta fue también llamada «la Luz». Se corresponde con la letra Qoph.

Satisfacción, éxito, amor, triunfo, dicha y alegría son los atributos de esta carta. Augurios y relaciones favorables. Claridad de juicio y de expresión. Felicidad conyugal. Luz. Razón. Influencia solar.

Carta invertida:

Éxito demorado, felicidad tardía. Infortunio, futuro sombrío. Vanidad, amor propio. Susceptibilidad. Error de apreciación que concluye en fracaso e ignorancia.

XX

EL JUICIO

Esperanza en el cambio con un desenlace óptimo. Poder de la pareja y de la trinidad. Despertar con nuevos atributos. Esta carta se ha llamado también «el Ángel», «el Despertar de los Muertos», «el Ciclo» y «la Resurrección». Se corresponde con la letra Resh.

Son sus atributos el entusiasmo y la espiritualidad. Llamada a la reconciliación. Soplo redentor, inspiración, expiación, juicio.

Renacimiento y progresión. Recuperación de la salud. Entusiasmo, exaltación, espiritualidad. Medicina milagrosa. Santidad.

Carta invertida:

No actuar sin pedir consejo previamente. Indecisión. Incapacidad para comprender los acontecimientos. Pérdida. Castigo provocado por el fracaso. Vacilación, excitación y exaltación artificiosas.

EL MUNDO

Triunfo en el nombre de los cuatro elementos. Es la coronación, el poder. Esta lámina, huevo del mundo, transforma benéficamente a cualquier otra carta. También se conoce como «Corona de los Magos». Se corresponde con la letra Shin, cuyo valor es 300, pero a veces adquiere, ligada con Tau, el valor de 400. Significa éxito, seguridad y vida eterna. Perfección, síntesis, recompensas. Triunfo en todo cuanto se emprenda. Indica el fin de un ciclo del destino. Buena salud. Culminación definitiva y victoriosa.

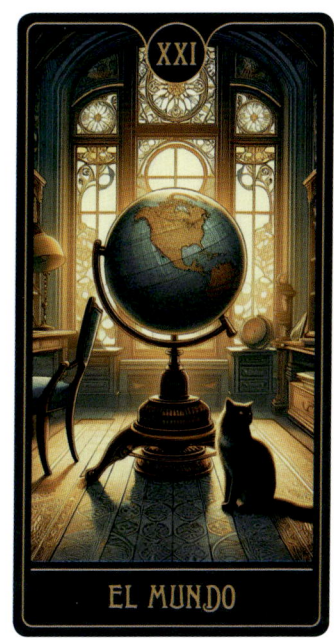

Carta invertida:

Imperfección, fracaso. Desvalorización social. Ambiente hostil. Considerable revés de la fortuna. Ruina. Pérdida de empuje.

EL LOCO

¿Ocupa la posición XXII o la 0? El Sabio acepta no tener un lugar y que se le presente como un loco, la irrisión de todos. Indiferente a cuanto le rodea, abre o cierra el camino como inseparable compañero del Mago. Es así como a veces clausura el juego completo, ocasión en la que adopta el número 78.
Esta carta tiene otros nombres: «la Primavera» o «el Cocodrilo». Se corresponde con la letra Tau, cuyo valor es 400, pero algunos autores le asignan 300, al relacionarla con la letra Shin.

Muchos cartománticos imputan a esta carta locura, falta de disciplina, desvalorización e idiotez. Vicisitudes sentimentales, vacilación frente a los compromisos, sentimientos vulgares e inconstantes. Inconsciencia, falta de orden. Trastornos nerviosos.

EL LOCO

Carta invertida:

Elección equivocada, nulidad. Incapacidad para razonar, apatía, decisión errónea. Forzado abandono de los bienes materiales. Remordimientos vanos, caos, irracionalidad, locura. Pero también se puede deducir de ella, bajo un criterio más tradicional, la superación de todos los valores materiales y un desapego por las cosas de este mundo, lo que revela que este hombre es un iniciado.

AS

Carta del comienzo, de la unidad, indica las posibilidades del ser; carta favorable.

As de bastos: grandes posibilidades de éxito, acción válida, inteligencia creadora.
INVERTIDA: mal comienzo, anulación de proyectos, caída.

As de espadas: mente brillante, inteligencia fecunda con una sexualidad exacerbada. Creación artística, pero capaz de suscitar enemistad; victoria, éxito.
INVERTIDA: catástrofe, desastre, tiranía.

As de copas: comienzo de un gran amor, clima afectuoso con grandes muestras de amistad, felicidad, alegría; posibilidad de matrimonio con descendencia.
INVERTIDA: inestabilidad, inconsecuencia, esterilidad.

As de oros: importantes ganancias, herencia, popularidad, celebridad. Inteligencia práctica. INVERTIDA: corrupción, avidez, avaricia.

AS de BASTOS

AS de ESPADAS

AS de COPAS

AS de OROS

DOS

Conflictos y ruptura. Oposición a causa de la dualidad.

2 de bastos: conflictos y dificultades en la profesión; trabas en la actividad; osadía.
INVERTIDA: trastornos y tristeza; pérdida de fe.

2 de espadas: querellas, conflictos, ruptura, divorcio.
INVERTIDA: duplicidad, mentira, perfidia, traición.

2 de copas: crisis, disputa, rivalidad amorosa, pasión.
INVERTIDA: separación, oposición, divorcio, malentendido.

2 de oros: crisis financiera; dificultades económicas.
INVERTIDA: aptitudes literarias; carta; alegría temeraria.

DOS de ESPADAS

DOS de OROS

DOS de BASTOS

DOS de COPAS

TRES

Evolución orientada hacia el equilibrio (como la figura del triángulo); realización del comienzo.

3 de bastos: posibilidad de progreso en el trabajo; viajes por motivos profesionales; visión de futuro; vigor; proyecto.
Iɴᴠᴇʀᴛɪᴅᴀ: traición, adversidad, tensión.

3 de espadas: espíritu innovador con importantes cambios intelectuales de los que se deriva una precaria estabilidad capaz de generar odio y separación; inquietudes.
Iɴᴠᴇʀᴛɪᴅᴀ: distracción, confusión, desorden; separación, alienación.

3 de copas: dispersión sentimental; nuevas relaciones con principio de realización. Embarazo. Esperanza.
Iɴᴠᴇʀᴛɪᴅᴀ: pérdida de prestigio; incomprensión, sensualidad.

3 de oros: movimientos de dinero, especulación, colocaciones; realización financiera y primeros pasos hacia la constitución de una fortuna.
Iɴᴠᴇʀᴛɪᴅᴀ: mediocridad, inhabilidad, contrariedades.

TRES de BASTOS

TRES de ESPADAS

TRES de COPAS

TRES de OROS

CUATRO

Cierta estabilidad, pero también obstáculos.

4 de bastos: buen manejo en el mundo de los negocios y el trabajo, pero obstáculos que habrá que superar; armonía; prosperidad. Invertida: inquietud, decepción amorosa.

4 de espadas: estabilidad intelectual; inteligencia concreta y práctica. Retiro, exilio, soledad. Triunfo sobre una suerte adversa. Invertida: actividad que avanza con prudencia; cobardía.

4 de copas: estabilidad en el amor y en la familia. Lucha contra obstáculos interpuestos por personas extrañas, con contrariedades. Invertida: nuevas relaciones y nuevos conocidos.

4 de oros: estabilidad financiera comprometida; adquisición de bienes inmuebles; usurero; avaro.
Invertida: revés con las propiedades, obstáculos, fracasos materiales.

CINCO

Evolución; control de los obstáculos. Victoria una vez superadas las dificultades.

5 de bastos: cambio de situación. Futuro intelectual favorable, pese a ciertos obstáculos y complicaciones.
Iɴᴠᴇʀᴛɪᴅᴀ: complejidad, fraude.

5 de espadas: evolución espiritual abstracta; con la pretensión de establecer nuevas teorías, se facilita el triunfo del contrincante.
Iɴᴠᴇʀᴛɪᴅᴀ: perspectivas inciertas y vacilantes; entierro; futuro inseguro, indeciso; infortunio, adversidad, desgracia.

5 de copas: sublimación del amor. Creación artística dentro de un buen clima afectivo. Se superan los obstáculos; victoria del individuo; conquista.
Iɴᴠᴇʀᴛɪᴅᴀ: imperfección, defecto; asociación incompleta pero con esperanzas.

5 de oros: evolución favorable de la situación financiera o profesional. Mejoras con algunas contrariedades.
Iɴᴠᴇʀᴛɪᴅᴀ: nuevos acuerdos materiales y amorosos; falta de orden y de armonía. Desorganización, desequilibrio, inestabilidad.

CINCO de BASTOS   CINCO de ESPADAS   CINCO de COPAS   CINCO de OROS

SEIS

Limitación de los recursos; dificultades con pruebas.

6 de bastos: limitación en los negocios. Sacrificios previsibles.
Los obstáculos se imponen.
INVERTIDA: temor, aprensión; ganancia insegura; deslealtad.

6 de espadas: limitación intelectual; incomprensión. Disputas,
contiendas, con claudicaciones físicas. Influencias nefastas; triunfo
de la oposición. Viaje, traslado.
INVERTIDA: tentaciones peligrosas, que pueden provocar una
desgracia; situación muy difícil.

6 de copas: limitación sentimental; influencias pasadas. Egoísmo,
peligro de ruptura. Insatisfacción sexual; amor destruido.
Los obstáculos son los que más pesan. INVERTIDA: ocasiones futuras;
nuevas perspectivas con promesas. Nostalgia.

6 de oros: crisis financiera; deuda; privaciones; como caso
extremo, ruina. INVERTIDA: envidia, celos. Angustia, intranquilidad,
inquietud.

SEIS de BASTOS

SEIS de ESPADAS

SEIS de COPAS

SEIS de OROS

SIETE

Triunfo, armonía, excelentes resultados. Éxito y poder.

7 de bastos: pleno dominio del trabajo que se ejecuta; acción recompensada; éxitos merecidos; exámenes aprobados.
INVERTIDA: miedo, ansiedad, indecisión, perplejidad, timidez.

7 de espadas: consagración intelectual; gran éxito.
INVERTIDA: calumnia, querellas, traición, disputas. Falta de voluntad.

7 de copas: gran amor, dicha total, felicidades; excelentes relaciones. Imaginación.
INVERTIDA: voluntad firme, resolución, determinación, osadía, valor.

7 de oros: gran éxito financiero; suerte en los juegos de azar. Vastas relaciones en el comercio con acuerdos favorables.
INVERTIDA: ansiedad, pérdida de dinero; abandono; impaciencia.

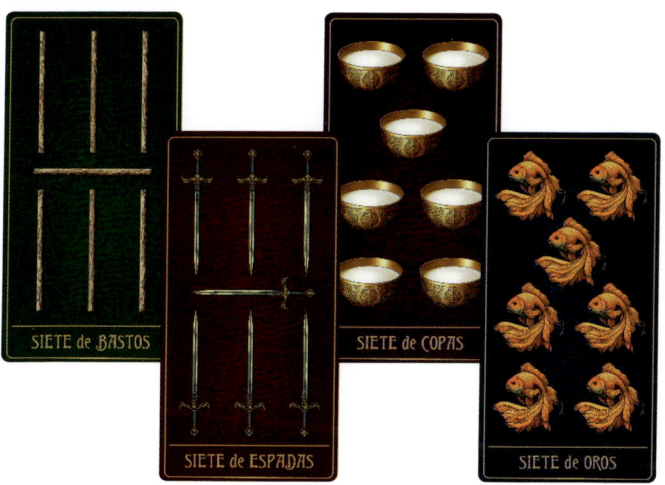

OCHO

Problemas de evolución; sufrimientos. Éxito parcial.

8 de bastos: transformaciones críticas en el trabajo. Actividades rápidas. Progreso. Separación.
INVERTIDA: dispersión de energías; sufrimientos; celos; discordia. Conflictos domésticos. Persecución; riñas.

8 de espadas: conflictos, dificultades, calamidades; enfermedades mentales y depresión; cárcel. Triunfo parcial del adversario.
INVERTIDA: dificultad; agitación; trabajo duro; desesperación; accidentes.

8 de copas: crisis en la pareja; contrariedades; timidez; celos; peligro de divorcio. Frustraciones parciales.
INVERTIDA: felicidad, alegría, delectación.

8 de oros: problemas de dinero; quiebra.
INVERTIDA: vanidad, usura, hipocresía, desilusión.

OCHO de BASTOS

OCHO de ESPADAS

OCHO de COPAS

OCHO de OROS

NUEVE

Éxito. Profundización lenta pero tenaz.

9 de bastos: evolución interior lenta pero precisa, con ciertas dificultades. Fuerza y estabilidad.
Invertida: obstáculos, adversidad, mala salud, desconfianza.

9 de espadas: retraimiento, misticismo, ciencias ocultas. Puede enseñar. Puede orientar hacia el odio y la muerte. Litigio, mala suerte, equivocación.
Invertida: duda, sospecha, timidez, calumnia, vergüenza.

9 de copas: evolución interior hacia la estabilidad y la sabiduría. Amor tardío. Fecundidad. Éxito.
Invertida: error, controversia, abuso de confianza.

9 de oros: situación financiera estable, prudencia, holgura.
Invertida: peligros, trampas, vida disoluta, robo.

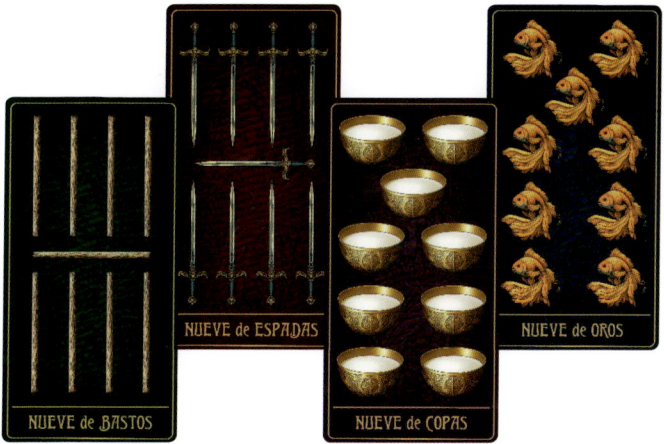

NUEVE de BASTOS

NUEVE de ESPADAS

NUEVE de COPAS

NUEVE de OROS

DIEZ

Carta neutra de transición. Incertidumbre respecto a qué rumbo tomar en la vida. También indica desplazamientos, así como un nivel superior, en la plenitud de las facultades.

10 de bastos: desarrollo y gran actividad en el mundo de los negocios y el trabajo. Grandes posibilidades.
Invertida: dificultades, intrigas, traición.

10 de espadas: ruina, dolor, aflicción, decepción, enfermedades.
Invertida: espíritu abierto; gran adaptación, pero incertidumbre en cuanto al resultado.

10 de copas: satisfecho por la vida; intensa vida amorosa. Confianza en sí mismo. Felicidad, alegría. Creación artística.
Invertida: querella, mezquindad, oposición, infortunio.

10 de oros: éxito financiero, prosperidad. Sentido práctico. Vida familiar.
Invertida: mala suerte, pérdida de dinero y de herencia, derroche.

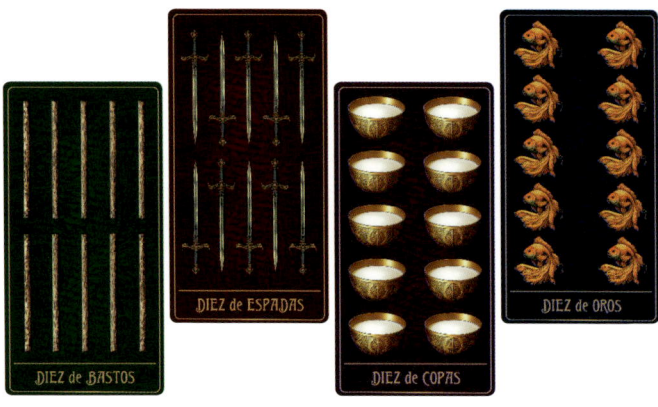

DIEZ de BASTOS   DIEZ de ESPADAS   DIEZ de COPAS   DIEZ de OROS

SOTA

Tentaciones. Ser débil; niño; criado.

Sota de bastos: espíritu creativo en lo concreto, pero impulsivo. Niño enérgico. Leal. Mensajero.
Iɴᴠᴇʀᴛɪᴅᴀ: indecisión, inestabilidad, chismorreo, infidelidad. Portador de malas noticias.

Sota de espadas: espíritu inventivo que bulle de ideas, perspicaz. Muchacho creativo, susceptible. Enemigo.
Iɴᴠᴇʀᴛɪᴅᴀ: rencoroso, impostor. Trae malas noticias.

Sota de copas: primer encuentro amoroso; ardiente, apasionado. Niño rubio. Nacimiento. Estudioso, servicial. Iɴᴠᴇʀᴛɪᴅᴀ: inestabilidad, susceptibilidad, adulación, engaño. Conocimientos superficiales.

Sota de oros: niño rubio, desenvuelto, de especulaciones arriesgadas. Emisario; carta. Iɴᴠᴇʀᴛɪᴅᴀ: juegos por dinero, robo, riesgos financieros, agresión. Sujeto perezoso.

CABALLO

El caballero que se desplaza. Viajes, iniciativas.

Caballo de bastos: dinamismo en el mundo material. Hombre joven y moreno. Artista. Viaje. Eficaz viajante de comercio. Iɴᴠᴇʀᴛɪᴅᴀ: discontinuidad, ruptura, discordia.

Caballo de espadas: hombre joven, a veces espía, ujier, abogado. Mediador. Se traslada. Iniciativas afortunadas. Brío, habilidad, coraje, heroísmo. Iɴᴠᴇʀᴛɪᴅᴀ: errores atribuibles a impulsividad por insuficiencia y estolidez; vanidoso y estúpido.

Caballo de copas: hombre joven. Encuentros amorosos con fines matrimoniales. Entusiasmo, amabilidad, seducción. Amante, consejero matrimonial.
Iɴᴠᴇʀᴛɪᴅᴀ: sinuoso, astuto, farsante; falsas promesas.

Caballo de oros: hombre digno de confianza. El extraño. Búsquedas financieras, inversión. Paciente, metódico, servicial. Consejero fiscal, empleado de banco.
Iɴᴠᴇʀᴛɪᴅᴀ: ociosidad, pereza, indolencia. Espíritu estrecho, negligente y pretencioso.

CABALLO de BASTOS

CABALLO de ESPADAS

CABALLO de COPAS

CABALLO de OROS

REINA

Sabia reflexión.

Reina de bastos: mujer morena, virtuosa; mujer de negocios, inteligente. Reflexión fría, pausada, digna; inspiradora, sensual. INVERTIDA: celosa, infiel, inconstante, envidiosa, vanidosa.

Reina de espadas: mujer morena, viuda o divorciada. Inteligencia ágil; mente decidida, sutil, abstracta y, no obstante, práctica. INVERTIDA: maligna, de carácter vengativo; calumnia, trapacería, engaño.

Reina de copas: mujer rubia, solícita, proporciona buenos consejos. Entregada, amor desinteresado. Poética, afectuosa, amable. INVERTIDA: inconstante, inmoral, deshonesta, enferma.

Reina de oros: mujer rubia, rica, interesada. Administración correcta. Equilibrio, dignidad. Generosa, pero indiferente. INVERTIDA: falsa prosperidad, incertidumbre, avaricia o derroche; deslealtad.

REINA de BASTOS

REINA de ESPADAS

REINA de COPAS

REINA de OROS

REY

Acción y realización.

Rey de bastos: hombre moreno y frío, autoritario. Casado. Visión de futuro, juicioso. Espíritu concreto y competente. Gobierno, dominio, autoridad. Hombre de negocios, dirigente de empresa, responsable.
Invertida: dogmático, exagerada autoridad, severo, austero; falto de sentimientos.

Rey de espadas: hombre moreno, cruel, maligno. Negociante. Autodominio. Éxito como intelectual, juez, médico. Hombre combativo. Frecuentemente enemigo. Desconfiar de él.
Invertida: cruel, calculador, egoísta.

Rey de copas: buen marido, padre bueno y generoso. Sujeto sensible, estable, fiel en el amor. Suele ser hombre de toga (abogado, clérigo).
Invertida: taimado, tunante, autocrático; ascetismo.

Rey de oros: hombre rico y estable. Domina los problemas financieros. Comerciante, banquero, financiero. Indiferente.
Invertida: corrupción, avaricia, deslealtad; hombre cerrado, obtuso.

REY de BASTOS — REY de ESPADAS — REY de COPAS — SOTA de OROS

LA NUMEROLOGÍA
Referencias básicas

Según la escuela pitagórica, los números gobiernan el mundo. Si el universo es ritmo, las relaciones derivadas de ello se pueden transmitir bajo el aspecto de una figura armónica, de naturaleza vibratoria, que influya en nuestra afectividad. Si el cosmos es número, se puede pasar de la armonía de los sonidos a la de las almas según la escala liberadora que enseña el Maestro de Samos. Proclo afirmaba que «el número es el glorioso padre de los Dioses y de los Hombres», y la causa primordial (la mónada, la unidad) se identifica con Dios.

De esta manera, cada número posee valores cuantitativos y cualitativos que le confieren un significado particular de orden físico, metafísico o moral. Jung dice que «el número es la forma de expresión más primitiva del espíritu», de manera que comprende la totalidad del conocimiento humano. Los números no solo sirven para contar o medir: son también capaces de oponer y conciliar.

En las láminas de los tarots figura una numeración, a menudo inscrita en caracteres romanos. ¿Existe alguna relación entre estos números y el valor de las respectivas cartas? Más adelante hablaremos acerca del número en función de cada arcano, pero conviene primero hacer algunas observaciones generales sin perjuicio de concluir en estudios numéricos más concretos.

Cuando hablamos del número nos referimos a ese ente simbólico que por su precisión y universalidad regula todos los elementos de la naturaleza, porque es la esencia de todas las cosas, el sustrato de la armonía universal, ya se trate de la forma, del sonido, del ritmo o de la acción. Pitágoras afirma que el número no miente, que es verdad en sí mismo, y añade que «todo se organiza según el número». Este lenguaje del conocimiento no puede ser abordado aquí, de modo que nos detendremos en sus principios, desarrollados ampliamente por Raymond Abellio y algunos especialistas más. El Uno es el principio universal. La serie de los números se detiene en el 9; el 10 ya constituye un regreso a la unidad, puesto que se escribe $1 + 0 = 1$ y es el resultado de la suma de los cuatro primeros números.

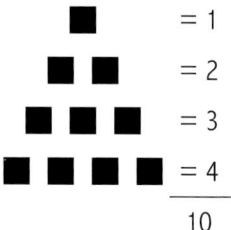

Esta primera forma geométrica lleva el nombre de *Tétraktys*. La «reducción teosófica» permite reencontrar, a partir del 10, los valores de los números primarios, del 1 al 9. Sin embargo, aparecen en estos casos atributos complementarios, con los que tales números pueden proporcionar nuevas revelaciones. A continuación vamos a proporcionar algunos datos básicos.

Reducción teosófica. Reducimos cualquier número formado por dos o más cifras a otro de una sola cifra mediante la suma de todas las cifras que constituyen el número en cuestión, hasta que obtengamos así una cifra de un solo dígito:

$10 = 1 + 0 = 1$
$18 = 1 + 8 = 9$
287 se escribe $2 + 8 + 7 = 17 = 1 + 7 = 8$

Suma teosófica. Sumamos aritméticamente todas las cifras que van desde la unidad hasta el número de que se trate, incluyendo la correspondiente a este.

Por ejemplo, para el 4 tenemos que 1 + 2 + 3 + 4 = 10; y, para el 12, 1 + 2 + 3 + 4 + 5 + 6 + 7 + 8 + 9 + 10 + 11 + 12 = 78.

Para la correspondencia entre letras y números se aplica un sistema muy sencillo. La primera letra del alfabeto vale 1, la segunda 2, etc. Obtenemos con ello el siguiente cuadro, en el cual, como se verá, los números van del 1 al 9:

1	A	J	S
2	B	K	T
3	C	L	U
4	D	M	V
5	E	N	W
6	F	O	X
7	G	P	Y
8	H	Q	Z
9	I	R	

Al sumar los valores numéricos asignados a un nombre o una fecha, si la cifra resultante pasa de 9, se practica la reducción teosófica.

Pero el tipo de numerología se complica cuando la correspondencia se establece con el alfabeto hebreo. De acuerdo con la gematría, los valores acordados a las distintas letras son los siguientes:

1	A
2	B
3	G
4	D
5	E, Œ, Æ
6	U, V, W
7	Z

8	H
9	TH
10	I, J, Y
20	C, K
30	L
40	M
50	N
60	X, KS
70	O
80	P, F, PH
90	TS, TZ, Ç
100	Q
200	R
300	S, SH, CH blanda (como en francés Chimène)
400	T

Como ejercicio, reduzcamos ahora a cifras JUAN DONCEL, una combinación de nombre y apellido. Tendríamos, pues,

```
 J  U  A  N    D  O   N   C  E  L
10  6  1  50   4  70  50  20  5 30
```

De modo que son 10 + 6 + 1 + 50 = (67) para JUAN.
Y 4 + 70 + 50 + 20 + 5 + 30 = (179) para DONCEL.

Pero si el nombre de pila, pongamos, hubiese sido SANTS, tendríamos que haber reparado en que no corresponde entender TS como T + S sino como un solo signo, o sea 300 + 1 + 50 + 90 = (441). PH, TH, SH, CH, TS, TZ, KS, Œ, Æ y Ç (ce con cedilla) tienen una puntuación propia.

Si se realiza la suma geomántica en las cartas del tarot, obtenemos:

1. el Mago (I), la Rueda de la Fortuna (X) y el Sol (XVIIII).
2. la Sacerdotisa (II), la Fuerza (XI) y el Juicio (XX).

3. la Emperatriz (III), el Colgado (XII) y el Mundo (XXI).
4. el Emperador (IIII) y la Muerte (XIII).
5. el Sumo Sacerdote (V) y la Templanza (XIIII).
6. el Enamorado (VI) y el Diablo (XV).
7. el Carro (VII) y la Torre Fulminada (XVI).
8. la Justicia (VIII) y la Estrella (XVII).
9. el Ermitaño (VIIII) y la Luna (XVIII).

Así se establecen correlaciones entre las cartas del tarot, y es posible pensar en correspondencias como las siguientes:

1 = energía, iluminación.
2 = fuerza, dualidad, capacidades.
3 = 2 + 1 = fuerza equilibrada, visión cósmica.
4 = 2 + 2 = dominio completo, renovación.
5 = 2 + 3 = equilibrio espiritual.
6 = 3 + 3 o 2 + 4 = exaltación del amor.
7 = 3 + 4 = la fuerza en acción.
8 = 4 + 4 o 3 + 5 = equilibrio cósmico.
9 = 32 o 3 + 6 = prudencia e imaginación, luz astral.

Es preciso señalar que solo 21 láminas están numeradas. La última, el Loco, corresponde al 0 para algunos autores y al 22 para otros. ¿Qué cabe pensar de esto?

El 0, punto dilatado convertido en círculo y jeroglífico del sol, que es el 22, encierra todos los aspectos de la creación humanizada. Y tanto en uno como en otro aspecto nos encontramos con el Loco, personaje que nos excede en razón de hallarse al margen de nuestras normas de vida habituales: un personaje desenfadado, hermano de ese Mago irónico que nos parece un saltimbanqui, un histrión, pero que dispone de todos los arcanos cuyos significados desearíamos comprender. Hermanos gemelos, estos dos personajes habrán de converger. Su cualidad numerológica hace que me detenga en la posición del Loco, a quien considero que le corresponde el vigesimosegundo lugar, propio de la realización humana (2 x 11). Papus y algunos otros autores situaron al Loco en el vigesimoprimer lugar y reservaron para la lámina del Mundo el honor de clausurar este libro secreto de las imágenes. Son dos personajes los que deben reunirse (el Mago y el Loco), dejando para el Mundo la coronación de una serie de símbolos astrológicos. Es el Loco, sea su número el 0 o el 22, quien da respuesta al Mago: él es el principio y el fin, el alfa y el omega. Esta personalidad de doble rostro desborda nuestro mundo, que no sabe comprenderlo. Así pues, decididamente ubico al Loco en el XXII, y entiendo que el Mago (I) debe corresponderse con el aleph. La vigesimosegunda carta queda sin numerar para que su sentido permanezca oculto.

En lo que respecta al 56, el número de los arcanos menores, podríamos escribirlo 7 x 8, pero por expansión teosófica se presenta como 56 = 0 + (0 + 1) + (1 + 2) + (1 + 2 + 3) + (1 + 2 + 3 + 4) + (1 + 2 + 3 + 4 + 5) + (1 + 2 + 3 + 4 + 5 + 6), o sea = 0 + 1 + 3 + 6 + 10 + 15 + 21 = 56.

En esta descomposición nos encontramos con los números de los dos arcanos extremos, el 0 y el 21.

En cuanto al 78, que es 22 + 56, se trata de la suma de los 12 primeros números, así como 21 es la suma de los 6 primeros números:

21 = 1 + 2 + 3 + 4 + 5 + 6
78 = 1 + 2 + 3 + 4 + 5 + 6 + 7 + 8 + 9 + 10 + 11 + 12

De inmediato surge la correlación con nuestro calendario, de 12 meses por año, y de allí con la astrología y sus 12 casas.

Pero, ¿cómo se conciben estas 78 láminas del tarot? El doctor Allendy, tras referirse al valor del número 77, que «reúne la evolución de la parte y la evolución del todo (relaciones entre la evolución cósmica y la evolución individual)», escribe en *El simbolismo de los números*: «El Número 77, completado por un nuevo término que hace de nexo entre ambas evoluciones, la cósmica y la individual, se convierte en 78, susceptible de ser interpretado como la liberación kármica individual que se alcanza gracias a la corriente evolutiva general».

Podemos explicarnos así que el total de las cartas a las que debemos interrogar no pase de 78.

No es posible creer que todos estos números —22, 56, 78—, más todos sus valores incidentes, hayan sido seleccionados al azar; antes bien, cabe pensar que lo fueron con una finalidad precisa, determinada. El tarot, lejos de ser un juego anodino, refleja una consciencia cósmica.

Asimismo es visible que el número 7 reviste una gran importancia en el tarot. Solo 21 de las láminas principales se encuentran numeradas, es decir 3 x 7. Los 56 arcanos menores se pueden escribir 8 x 7. ¿Se ha querido así conceder una posición de privilegio a los 7 planetas hasta entonces conocidos, que eran el Sol, la Luna, Mercurio, Venus, Marte, Júpiter y Saturno? Fue sin duda esta descomposición numérica la que movió a Ouspensky a dibujar el tarot, en 1913, bajo la forma de una alegoría cósmica: sobre cada uno de los lados de un triángulo equilátero colocó 7 láminas mayores, del I al XXI; luego inscribió el triángulo en un cuadrado, y en la parte superior de este colocó las espadas, 14 cartas en total, para después, siempre rotando en el sentido del sol, ubicar los demás arcanos: bastos, copas y oros.

Finalmente, puso en el centro del triángulo al mayor de los arcanos, el Loco, cuyo número puede ser tanto 0 como XXII. Dios, la carta sin número, reina sobre la naturaleza espiritual lo mismo que sobre el mundo material.

Pero 7 también se escribe 3 + 4, números que, multiplicados entre sí, dan 12, «manifestación de la Trinidad en los cuatro puntos del espacio», para decirlo con palabras de Michel Random. «La división del año en cuatro estaciones de seis meses se corresponde con 12 signos; es una estructura que se relaciona con los 12 semitonos de la octava. El 12, igual que el 7, es un número sagrado. Constituyen, respectivamente, el padre y la madre de las cosas manifestadas, mientras que el 1 y el 3 expresan la esencia hecha sustancia».

TIRADA DE LAS CARTAS

Acabamos de ver que cada lámina contiene indicaciones simbólicas que permiten al iniciado centrar su atención, abstraerse en la contemplación y, por tal conducto, obtener nuevas impresiones sobre la proyección del inconsciente colectivo. Como en cualquier arte, la complejidad de esta lógica combinatoria casi no se puede transmitir, pero puede dar origen a la adivinación.

Interrogar las cartas para prever el futuro constituye el término natural de esta reflexión interior, pero no debe hacerse del tarot un juego que sirva para maravillar a quienes nos rodean. Si procediéramos así, asumiríamos el papel de brujos, de falsos intérpretes.

Es preciso tener consciencia de que al echar las cartas se materializan las energías cósmicas; entonces se pueden descifrar, pues se hacen visibles como manifestaciones de la vida. Se establece así una correspondencia entre el valor simbólico de la carta y la vida interior del consultante.

Si no tiene suficiente experiencia en el tarot, ejercítese antes de parecer un «adivino». Hay que dejarse penetrar por el sentido de los símbolos, por su significado, por las relaciones mutuas entre los signos en cuestión.

Es preciso abandonar los razonamientos rigurosos, demasiado cartesianos; hay que dejarse llevar por la imaginación, siempre que ésta se apoye en un profundo conocimiento de los múltiples valores de las cartas. Sus facultades intuitivas deben hallarse en actitud de responder a los interrogantes planteados.

Indudablemente, abundan los tiradores de cartas ilusorios que dicen «la buena ventura» y satisfacen la inocente curiosidad de un público crédulo. Son ya demasiados los que hacen de las cartas un medio de vida y abusan de la buena fe de la gente. Pero también hay videntes verdaderos; de este recurso, como de todos los métodos adivinatorios, es posible extraer deducciones, sin pretender por eso que no se vaya a incurrir en errores o inexactitudes.

Por supuesto que no se debe creer ciegamente en las cartas ni en ningún otro medio de adivinación, sea el que fuere, pues uno corre el riesgo de dejarse llevar por algún capricho imaginativo; en ocasiones se interpreta de un modo demasiado personal.

No es posible negar que existe un vínculo entre el consultante y el cartomántico, así como entre las cartas y el consultante: este último selecciona las cartas compelido por su subconsciente. Consideremos entonces la adivinación como la hipótesis de un trabajo interior, como una intuición que nos permite discernir mejor nuestra naturaleza profunda.

1. Tirada de 3 cartas

Se trata del mejor medio para responder a cualquier pregunta que se plantee. De 3 láminas que se extraen, la primera, que indica el estado actual, el presente, las ideas, los proyectos, se coloca a la izquierda; a la derecha se pondrá la segunda, que nos hablará del futuro, del modo en que se puede suponer que se irán encadenando los acontecimientos; y en medio de una y otra se ubicará la tercera, que será la resultante.

2. Tirada en cruz

Esta tirada se practica mucho y brinda excelentes resultados.

En esta tirada, se dan a elegir sucesivamente 4 cartas del montón:

— El primer arcano extraído lo colocamos a nuestra izquierda: representa la afirmación, alega en favor, expresa la calidad, la orientación, la ayuda que se puede esperar.

— El segundo se coloca a la derecha: representa la negación, alega en contra y anticipa lo desfavorable, lo que ha de evitarse. Expresa las dificultades, los peligros, los tropiezos.

— El tercero se ubica delante de nosotros, en la posición que ocupa el lugar más apartado del cartomántico: establece el debate, es el juez. Indica el camino que ha de seguirse.

— El cuarto también se ubica delante, pero en la posición más próxima a nosotros: constituye la solución, la sentencia. Presagia el resultado definitivo.

—El quinto, por último, se sitúa en medio de los otros cuatro, cuya síntesis proporciona; resume lo esencial del objeto de la consulta».

Las láminas, en esta tirada, se disponen así:

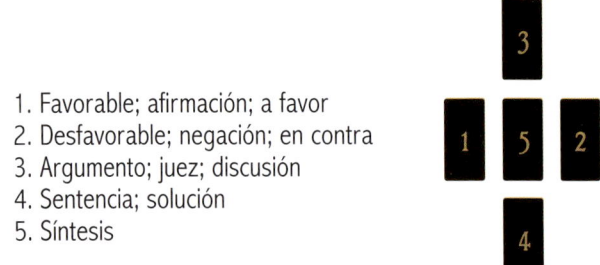

1. Favorable; afirmación; a favor
2. Desfavorable; negación; en contra
3. Argumento; juez; discusión
4. Sentencia; solución
5. Síntesis

Las cartas l y 2, en la línea horizontal, describen, mientras que las cartas 3 y 4, en la vertical, predicen.

Otra lectura de la tirada en cruz algo distinta es para presente y futuro, y en ella la disposición de las cartas es como sigue:

1. Presente
2. Futuro
3. Presente
4. Futuro

Otro método de interpretación derivado del de la tirada en cruz:

1. Pregunta
2. Contrapregunta
3. Los demás
4. Usted
5. Respuesta

3. Tirada de 7 cartas

En esta tirada, se emplean simultáneamente arcanos mayores y menores. Por lo que respecta a estos últimos, solo se tienen en cuenta los del palo correspondiente al tipo de consulta planteada. Para una actividad por emprender, los bastos; para un asunto amoroso, las copas; para un proceso, las espadas; para cuestiones de dinero, los oros.

Una vez mezcladas las cartas, el consultante corta y se toman las 4 primeras, que se disponen en cruz, invertidas. Luego, entre las láminas mayores, mezcladas y cortadas por el consultante, se hace que este elija 7 cartas, que el cartomántico mezcla y el consultante corta. De éstas se toman las 3 primeras y, sin mirarlas, se disponen en triángulo junto a las 4 anteriores.

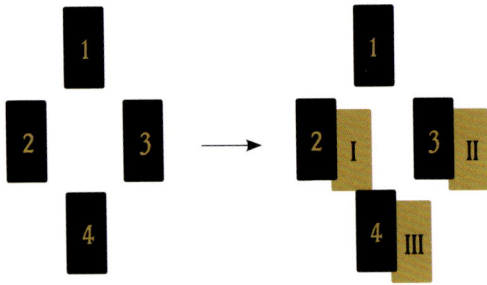

Se da la vuelta a las cartas y se leen sus significados sin perder de vista que 1 indica el principio, 2 el apogeo, 3 los obstáculos y 4 la caída. I es aquello que influyó en el pasado, II lo que influye en el presente y III lo que influirá en el futuro.

Las 7 cartas se pueden disponer también en forma de herradura o triángulo. En tales casos, las cartas se asignan del modo siguiente:

1. Influencias del pasado
2. Elección del consultante
3. Estabilidad o inestabilidad
4. Influencias contrarias
5. Posibilidades y obstáculos
6. Amigos o enemigos
7. Sentido general

Otro método en triángulo: de las 78 cartas mezcladas se retiran, en 3 veces sucesivas, 7 cartas, que habrán de disponerse como en el gráfico, y cuya explicación referimos a continuación:

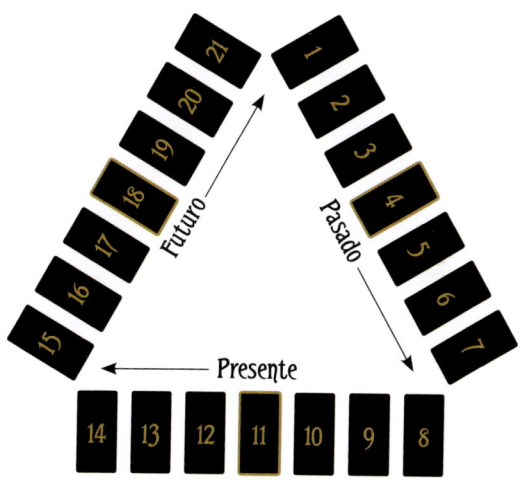

La primera fila descendente (1 a 7) informa sobre el modo en que ciertos elementos del pasado pudieron haber influido en la situación actual; nuestra relación con la situación presente se explicitará en la fila horizontal (8 a 14) y la evolución futura quedará reflejada en la hilera ascendente de la izquierda (15 a 21).

La carta ubicada en el cuarto lugar de cada una de estas filas (4, 11 y 18) da la clave sobre el acontecimiento o la situación que se estudia en función de las cartas que la rodean, y muy particularmente en función de las tercera y quinta, que constituyen grados dentro de la evolución lógica, que descansa en el potencial de la carta 1 y que culmina con la clarificación que le brinda la carta 7.

4. Tirada de 9 cartas

Se disponen las láminas en rectángulo, un rectángulo mágico, en el que cada una tiene representatividad específica:

1. Individualidad
2. Dualidad
3. Estabilidad
4. Tenacidad
5. Potencialidad
6. Oportunidad
7. Espiritualidad
8. Negatividad
9. Espíritu positivo

Las cartas se interpretan en sentido creciente, con la posibilidad de asociar algunas entre sí, lo cual da pie a nuevas interpretaciones.

También para esta misma tirada, las cartas se pueden disponer del siguiente modo:

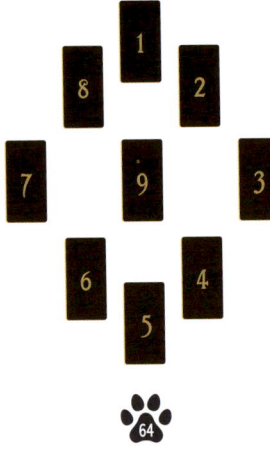

5. Tirada de 10 cartas

Las cartas se colocan en forma de pirámide. Se pueden interrogar con ajuste al criterio de que la lámina 1 constituye el aspecto general (la influencia del medio), la segunda hilera (2 y 3) es la posibilidad de acción, la tercera (4, 5 y 6) muestra las fuerzas que facilitan unas veces la estabilidad y otras la inestabilidad, y la última (7 a 10) indica el sentido general y las determinaciones que cabe adoptar.

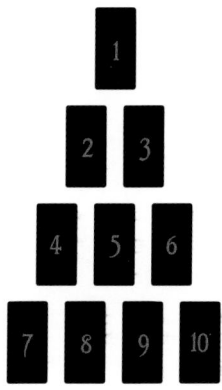

6. Tirada de 12 cartas

Después de mezclar los 22 arcanos mayores, el consultante elige 12 cartas y, sin darles la vuelta, forma con ellas un montón; mezcla luego los 56 arcanos menores, entre los cuales elige dos veces 12 cartas. La primera lámina extraída se coloca en el lado izquierdo, y a partir de ella, trazando un círculo en sentido inverso al de las agujas del reloj, pasando por abajo (el sur), se disponen las 12 láminas mayores. Siguiendo el mismo procedimiento se distribuyen sobre ellas los dos montones de láminas menores. Después de dar la vuelta a los 12 tríos, se procurará discernir la impresión predominante. Las cartas ubicadas en los puntos cardinales (1, 4, 7 y 10) permiten distinguir valores destacables. Cada casa se interpreta en función de las referencias astrológicas.

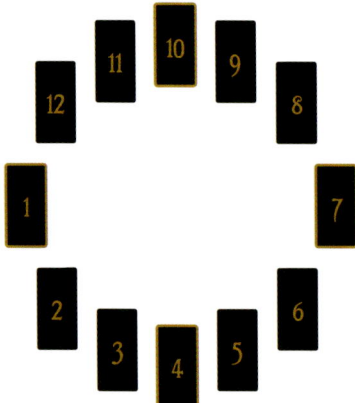

El conjunto abarca todo cuanto pueda suceder en el transcurso de la existencia.

Tanto en astrología como en geomancia se distinguen 12 aspectos de la vida que están en correlación con los 12 signos del zodiaco. A continuación señalaremos los principales atributos de las distintas casas: para ello nos remitiremos a Dane Rudhyar.

Casa I: el consultante (carácter, temperamento y experiencias basadas en el instinto, lo mental y lo espiritual).

Casa II: los bienes financieros, ganancias, adquisiciones, realizaciones materiales.

Casa III: la familia, vida cotidiana, círculo íntimo, viajes, escritos.

Casa IV: sentido del hogar, arraigo, influencia de la familia, atavismo, bienes inmuebles.

Casa V: los hijos (amores, deportes, instintos, placeres, juegos, enseñanza).

Casa VI: trabajo, salud, orden y disciplina; trastornos patológicos.

Casa VII: vida en común, el socio, el cónyuge o el adversario, bodas, contratos, procesos, celebridad.

Casa VIII: transformación, muerte, herencia, vida sexual, intervenciones quirúrgicas.

Casa IX: grandes viajes al extranjero, estudios, especializaciones espirituales o científicas, inteligencia, síntesis.

Casa X: destino social y profesional, honores, ideal.

Casa XI: ayuda de los amigos, relaciones, protecciones, publicidad.

Casa XII: sufrimientos (o enfermedades), enemistades, aislamiento (hospital o cárcel).

7. Tirada de 12 arcanos menores y 4 mayores

Después de que el consultante mezcle y corte los arcanos menores, se toman las primeras 12 cartas y se disponen como indica la figura A.

Una vez mezclados los arcanos mayores, se corta el mazo y luego se eligen 7 cartas, de las que se toman las 4 primeras (véase la figura B). Después se colocan en triángulo las 3 últimas cartas en el centro de la figura A, para obtener el conjunto representado en la figura C.

La carta del consultante (I, el Mago) o de la consultante (II, la Sacerdotisa) se coloca en el centro (triángulo). Si esta carta ya estuviese entre las extraídas, será sustituida por una nueva carta de los arcanos mayores elegida por el consultante.

Los 12 arcanos menores indican las diferentes fases por las que atraviesa la vida del individuo o la evolución del sujeto durante los cuatro grandes períodos: comienzo que, indicado por el arcano mayor I, revela a través de este su carácter, apogeo (arcano II), declinación u obstáculo (arcano III), y caída (arcano IIII).

Por último, los 3 arcanos mayores colocados en el centro indican el carácter especial del horóscopo en el pasado (V), el presente

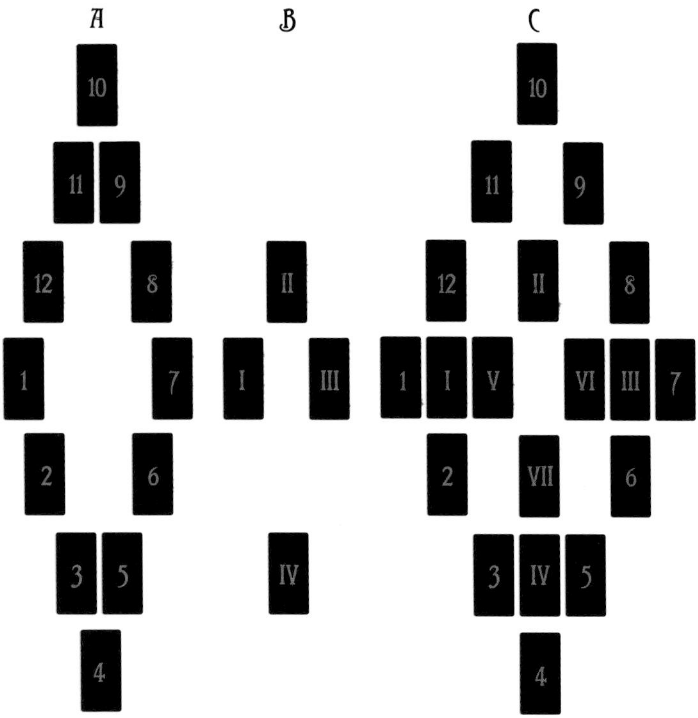

(VI) y el porvenir (VII). El pasado se expresa también a través de los arcanos menores que van del 1 al 4; el presente, a través de los que van del 4 al 7, y el futuro, a través de los que van del 7 al 12. Así se interpreta el sentido de las cartas».

8. Tirada de 13 cartas

Las cartas se colocan de acuerdo con el esquema que se muestra a continuación, correspondiente al dibujo de una cruz:

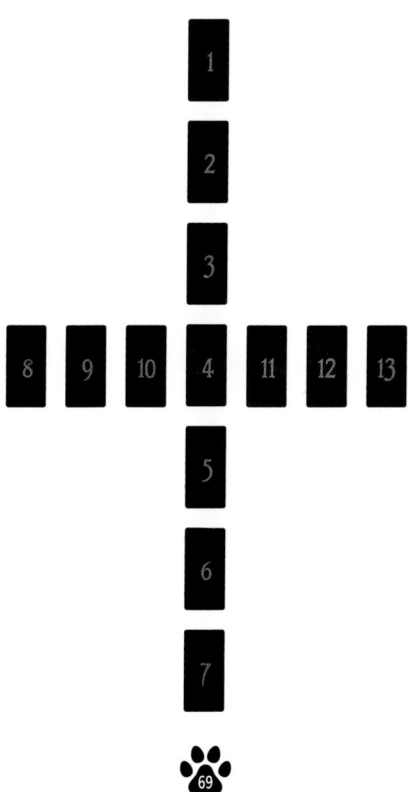

La hilera vertical representa la situación actual y la horizontal la de las influencias que operarán sobre esta situación. Cada carta se observa por separado, y luego en correspondencia con las demás láminas.

9. Tirada de 14 cartas

El consultante escoge 12 láminas, que se disponen en semicírculo de derecha a izquierda. De los 10 arcanos restantes, el cartomántico elige 2, que guarda cerca de él sin descubrir (posiciones 13 y 14):

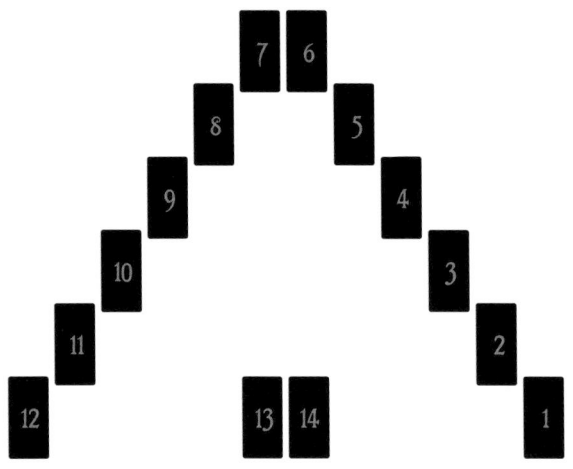

Se contituyen así las 12 casas. El sentido general es determinado por la intuición, el aspecto de la casa I. Las láminas 13 y 14 sirven como elementos suplementarios de síntesis.

10. Tirada de 22 cartas

El tarot universal de Salvador Dalí indica la siguiente disposición, denominada «la Estrella mágica»:

11. Predicciones con las 78 láminas

Para realizar predicciones a largo plazo hay que valerse de las 78 cartas. Esta interpretación, sin embargo, requiere una consulta prolongada, por lo que muchos cartománticos recurren apenas a 60, a 48 e incluso solamente a 36 láminas.

Se aplica el sistema de las 12 casas, cuyos atributos ya hemos visto. Se comienza con los arcanos mayores, mezclados y cortados por el consultante. Este toma 12 cartas, que se colocan en el orden de las 12 casas (véase la figura).

A continuación se mezclan los 10 arcanos mayores restantes con los 56 arcanos menores. El consultante extrae 12 cartas, que deben ser colocadas, por su orden, dentro de las 12 casas correspondientes, detrás de los arcanos mayores. Esta operación se repite dos o tres veces. Luego se interpretan las cartas casa por casa, y se sacan las primeras conclusiones. Por último, el consultante extrae 12 «arcanos de síntesis», o una nueva carta para cada casa, para precisar así la interpretación emitida. Por lo tanto, se debe tener en cuenta la «competencia» de cada casa, establecer luego las correlaciones a que hubiere lugar entre casas y, tras una primera conclusión global, efectuar la verificación según los 12 arcanos de síntesis.

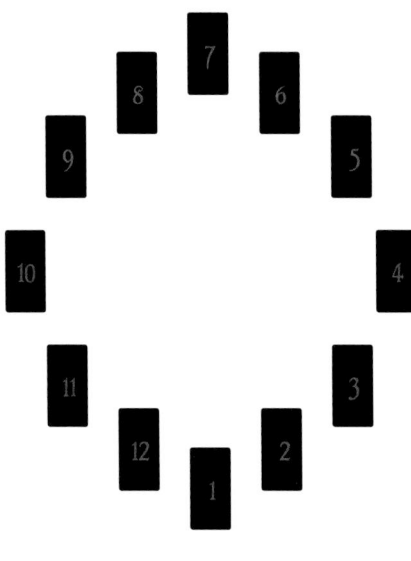

12. LA RUEDA DE LA VIDA (78 cartas)

Las 78 cartas del tarot, se distribuyen «entre las doce moradas, dispuestas en círculo como si se tratase de las horas de un reloj». En el centro de esta «rueda de la vida» se coloca una decimotercera carta, el ego (carta 13). Cada uno de los montones de cartas está compuesto por 6 cartas:

Los atributos de las 12 casas son los siguientes:

1. ida humana, constitución, temperamento, cuerpo, costumbres, longevidad.
2. Matrimonio, enemistades.
3. Amor, embarazo, nacimiento, número de hijos y sexo, cartas de amor.
4. Enfermedades, discapacidades, sufrimientos, persecuciones.
5. Enfermedades (causas, tratamiento y curación).
6. Fallecimientos.
7. Bienes inmuebles, herencias, tesoros ocultos, ganancias, beneficios.

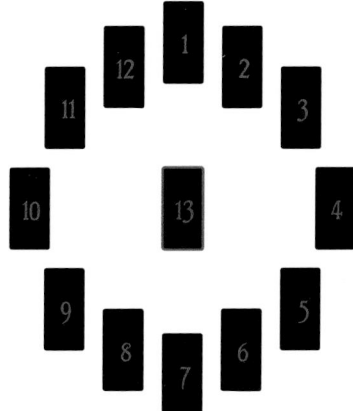

8. Fortuna, pobreza, propiedad, comercio, empresas.
9. Gobierno, administración, Estado.
10. Ciencias, artes, relaciones, profesión.
11. Beneficencia, sentimientos generosos, amistad.
12. Familia, padres, parientes y allegados.

Por ejemplo, si una persona piensa que un destino adverso la persigue, se interrogará a las 6 láminas del ego (mazo 13) y a las moradas 4, 3 y 5.

13   TIRADA GITANA

Al parecer, los gitanos recurren a diferentes métodos. Uno de ellos emplea los 22 arcanos mayores y las 14 cartas correspondientes al palo que se relaciona con la pregunta planteada. Son, pues, 22 + 14 = 36 cartas, que se distribuyen en 9 pilas de 4 cartas cada una, de izquierda a derecha y de arriba abajo, y que representan:

1. Relaciones
2. Riquezas
3. Empresas
4. Amigos
5. Hombre
6. Familia
7. Obligaciones
8. Salud
9. Amor

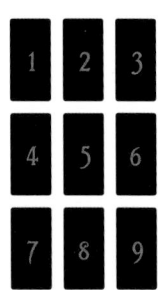

Según cuál sea la pregunta planteada, se descubren las 4 cartas del montón. «Debajo de éstas, coloque las cartas del montón que se encuentre más a la izquierda dentro de la hilera y, debajo de este, las del que se encuentre más a la derecha. Elimine las otras cartas y explique la configuración así obtenida. El mazo superior es el más importante, el segundo menos, y así sucesivamente».

El tarot flamenco (Van Denborre, 1780), de donde he tomado la descripción anterior, proporciona el ejemplo de un consultante que plantea esta preocupación: «Quiero poner un negocio por mi cuenta; ¿me irá bien?». El intérprete, por consiguiente, echa mano de las 14 cartas de los bastos. El mazo relacionado con la pregunta es «empresas» (nº 3). «Tómela y descúbrala. Debajo coloque el montón que está a la izquierda de esta hilera, y debajo de este el que está en el centro de la misma hilera». De este modo se constituye un conjunto compuesto por 3 grupos de 4 cartas cada uno, que se interpretan añadiendo algunas recomendaciones.

Veamos a continuación un segundo método. El consultante mezcla los 56 arcanos menores y toma las 20 primeras cartas, que añade a los arcanos mayores: se constituye de ese modo un mazo de 42 cartas, que luego mezcla. Sin darles la vuelta, se forman 6 grupos de 7 cartas cada uno, que se van colocando de derecha a izquierda. El cartomántico toma estas cartas y las muestra al tiempo que les da la vuelta (de derecha a izquierda), para dejar desplegadas 6 hileras de 7 cartas cada una.

El consultante estará representado, a su elección, por el Loco, el Mago o el Emperador, y la consultante lo estará por el Loco, la Sacerdotisa o la Emperatriz. La carta que representa a esta persona se retira del juego, y el consultante la reemplaza con otra que toma del montón de las 36 cartas no utilizadas.

La interpretación, que se hace de derecha a izquierda, debe comenzar por la hilera superior, correspondiente a las influencias del pasado. Con igual procedimiento se sigue por la segunda hilera, la de las influencias futuras, y luego se aborda la tercera, la de las influencias externas (ambiente). La cuarta hilera corresponde a las influencias y a los sucesos inmediatos; la quinta, a las posibilidades futuras, y la sexta, por último, a los resultados futuros.

CONCLUSIÓN

Después de esta multitud de interpretaciones y de tantas divergencias como se evidencian en el conjunto de los sistemas existentes, llegamos a la conclusión de que cada criterio se expresa de acuerdo con un pensamiento rico y seductor. Incluso en el contexto de la numerología, donde el significado esotérico parece más estable, resulta posible dudar sobre la ubicación que haya de otorgarse a ciertos arcanos.

Ningún comentarista ha podido llevar a cabo una sistematización definitiva capaz de fijar el valor del tarot a través de un método único y riguroso.

Y es bueno que sea así, ya que nada es absoluto. La tierra podrá ser femenina con respecto al cielo, yin con respecto al yang, pero a su vez puede ser yang respecto a otros valores, pues se transforma en activa cuando crea, es fecundadora, y entonces pasa a ser yang. Recordemos que cada ser lleva consigo una doble polaridad, que existe un lado femenino en el hombre y un lado masculino en la mujer. Nada es radicalmente negro o blanco. No establezcamos escalas de valores allí donde podría decretarse que tal solución es superior a tal otra, o que imperativamente se debe seguir tal o cual método; cada intérprete posee su propia sensibilidad, y si piensa con amor y humildad, ya ha hecho suya, solo por eso, una parte de la verdad. La comprensión se establece en un plano más sutil, en función de lo que debe acontecer, que presentimos como posible pero que no conocemos.

Ya vimos que la interpretación del tarot no es un juego ni una diversión intelectual: es una búsqueda reflexiva y, por eso mismo, coherente.

Los estudios comparativos prueban que cada autor ha creado su propio universo, y que existe perfecta coherencia entre el postulado básico del cual partió y la interpretación que finalmente produjo. Dado que existe acuerdo en ese clima del pensamiento espiritual, todos los significados contribuyen a la caracterización analógica del arquetipo, que, como todo símbolo, se interpreta de múltiples maneras.

Es bueno que el cartomántico establezca su propio juego, sus principios interpretativos, y que a partir de ellos proporcione el resultado de su intuición. De todos modos, el tarot de Marsella sigue siendo el prototipo más estimulante y universal: hay que impregnarse de su contenido, sentir el influjo de su valor representativo; hay que ir más allá de su aparente facilidad y tomarse la preocupación de meditar sobre sus complejas virtualidades, que no se revelan sino lentamente, puesto que nosotros, simples seres humanos, nunca conoceremos más que algunas facetas de la verdad, que sin embargo es única pues contiene ambos polos de la evidencia. Por eso, el estudio comparativo de las diversas interpretaciones no podría llevarse a cabo sin tomar como punto de partida el fascinante tarot de Marsella y su numerología.

Una característica permanente del tarot en el aspecto adivinatorio es su complejidad, pues depende de ese mismo intérprete sobre cuya sensibilidad opera. Las combinaciones son infinitas. En cuanto a ese dédalo de interpretaciones intentamos mostrar tan rica variedad, surgida no de un caprichoso azar sino más bien de una precisa programación que sedujo a los hombres y les impuso su ley. Los símbolos sugieren, mueven a la reflexión y, por último, abren la mente de quien está dispuesto a comprenderlos. Pero el símbolo carece de un valor definido porque es dual, como todo cuanto encontramos en la vida. No hay en él buenos o malos aspectos; lo que en un caso pudo parecer benéfico y válido puede revelarse maléfico para otra persona. En el ámbito del absoluto no tenemos posibilidad de juzgar.

Sergio Marcotoune, quien toma como punto de partida para sus indagaciones el significado de los 22 arcanos, expresa, en La science secrète des initiés, que el primer arcano pone de relieve su papel de unión con lo absoluto, que lleva consigo el signo de la plenitud y que es la manifestación activa de la divinidad. ¿Bufón o sabio? «Porque del sabio al bajo actor no hay más que un paso»: el sabio es humilde, accesible; el actor, orgulloso, de un egoísmo animal. En La voie initiatique vuelve Marcotoune a referirse al hecho de que este operador sea llamado «el Mago»: «Hay algo de ironía en esta denominación, con la que se quiere indicar que no media sino un paso entre el mago, dueño de todo conocimiento y toda comprensión, y el juglar, que no alcanzó la sabiduría iniciática, que no supo mantenerse en el camino y se abandonó a concepciones dudosas y efímeras».

Marcotoune coloca al Loco en la vigesimoprimera posición, pero piensa que el lobo que le muerde simboliza el choque con las fuerzas astrales, cosa que no produce la menor impresión en este ser, que se ha vuelto impersonal y ha alcanzado el supremo despojamiento y la humildad total, con lo que se pone al margen de toda dominación estelar. De tal modo este Loco «se dispone al sacrificio que habrá de convertirse en el sentido mismo de sus futuras realizaciones y misiones». El Loco es el iniciado que alcanza el equilibrio definitivo y se halla en condiciones de pasar por cualquier clase de pruebas: «el iniciado se halla tan separado de las cosas de este mundo como de la sombra de las cosas falsas». El Mago se integra con el Loco: constituyen los dos polos del conocimiento y permanecen sometidos a las fuerzas tradicionales.

El tarot, que nos concierne a todos, al hombre comprendido en su universalidad, permite que tomemos conciencia de las fuerzas que dormitan en nosotros y avancemos hacia nuestra unidad interior.

Debemos educar nuestra imaginación: solo tras una larga práctica llegaremos a traspasar el enigma. Esta consciencia evolutiva debe movernos a una interpretación hecha con reserva y respeto.

Nunca olvidemos que la lámina es solo uno de los muchos medios de videncia, un soporte que debemos manejar prudentemente. El tarot, sistema iniciático integrado por simbolismo y adivinación, tiene como última finalidad nuestro enriquecimiento espiritual, nuestro perfeccionamiento.

Entre la lámina y el hombre que busca se teje un lazo. Sea cual sea la forma de aquélla, más o menos moderna, más o menos artística, un mismo pensamiento surge de la representación del arcano, cuyo valor real se dirige a nuestra sensibilidad, a nuestro corazón. Es misión de todos nosotros buscar su más recóndita sustancia y tratarla exhaustivamente.